À la santé du roi

**Une histoire adaptée d'un conte russe
par Bernadette Garreta
illustrée par Ulises Wensell**

BAYARD ÉDITIONS

Il y a très, très, très longtemps,
un roi avait décidé
que dans son royaume
tout le monde devait crier :
« À votre santé ! »
à chaque fois qu'il levait son verre.

Tout le monde obéissait,
sauf un berger nommé Ivan
qui avait des yeux bleus étonnants,
très bleus et très brillants,
qui charmait les animaux avec sa flûte
et qui était très malin.

Un jour, le roi entend raconter
qu'Ivan refuse de crier :
« À votre santé ! »
Il ordonne d'aller le chercher
et de l'amener devant son trône.

Ivan prend sa besace*,
sa cape et son bâton
et il se présente devant le roi
qui a l'air puissant et majestueux,
entouré de toute sa cour.

* Ce mot est expliqué page 45, n° 1.

La princesse, sa fille, est à ses côtés.
Le roi se fait verser un verre de vin
et il dit :
– Ivan le berger,
crie tout de suite à ma santé !
Ivan crie :
– À ma santé !
La princesse se permet
un petit sourire pour ce berger
qui a de si beaux yeux.
Le roi est furieux :
– À la mienne, à la mienne !
Ivan répète :
– À la mienne, à la mienne !
Les yeux de la princesse
se mettent à briller.

Le roi se frappe la poitrine avec rage :
– À la mienne, à ma santé à moi !
Ivan se frappe doucement la poitrine
en disant :
– Mais oui, à la mienne,
à ma santé à moi !

La princesse se détourne
pour rire en cachette.
Décidément, Ivan lui plaît beaucoup,
et même beaucoup plus que les princes
qu'elle a déjà souvent refusé d'épouser.
Mais le roi est fou de colère.
Il ne sait que dire ni que faire.
Le grand chambellan parle à son tour :
— Berger, tu m'entends,
dis immédiatement :
« À votre santé, votre Majesté »,
sinon tu perdras la vie.
Alors, le berger répond bravement :
— Je le dirai si le roi me promet
que la princesse sa fille sera ma femme.

Avant que la princesse dise un seul mot,
le roi ordonne de l'enfermer
dans sa chambre
et de jeter Ivan dans la fosse aux ours.
Les gardes emmènent Yvan
et ils le jettent dans la fosse,
où il n'y a qu'un seul ours blanc.

Il est terriblement affamé,
car il n'a rien mangé
depuis plusieurs jours.
Il se précipite sur le berger,
mais Ivan le regarde fixement,
de ses yeux bleus et brillants.
L'ours blanc recule, recule,
il se roule en boule dans un coin
et il se lèche les pattes en guise de dîner.
Pendant toute la nuit,
Ivan chante des chansons
pour ne pas s'endormir.
Il sait bien que l'ours en profiterait
pour le dévorer.
Le matin suivant,
les gardes sont bien étonnés
de trouver le berger encore vivant.

On le conduit devant le roi
qui demande :
– Diras-tu : « À votre santé »,
maintenant que tu as vu
la mort de près ?
Le berger répond :
– Je n'ai pas peur de mourir,
mais je le dirai
si la princesse peut devenir ma femme.
Le roi crie :
– Va donc mourir !
Et il ordonne qu'on jette Ivan
dans la fosse aux sangliers sauvages
qui n'ont rien mangé
depuis une semaine.

Ils se précipitent en grognant
pour mettre en pièces le pauvre Ivan.
Mais celui-ci sort sa flûte de sa poche
et il se met à jouer un air si gai,
que les gros sangliers se trémoussent
comme s'ils voulaient danser.
Pendant des heures,
Ivan joue de la flûte.
Enfin, les sangliers sont si fatigués
qu'ils s'écroulent et qu'ils s'endorment.

Le matin suivant,
les gardes sont encore plus étonnés
de trouver le berger bien vivant.
Ils le conduisent devant le roi
qui est très étonné lui aussi.
Il dit :
—Berger, tu as de la chance.
Cette fois, as-tu changé d'avis ?
Diras-tu : « À votre santé » ?
Le berger dit :
—Sans aucun doute,
si la princesse devient ma femme.
Le roi crie :
—Qu'on le jette
dans le puits sans fond du donjon* !
De là, il ne ressortira pas vivant.

* Ce mot est expliqué page 46, n° 2.

En arrivant devant le puits
dont personne ne peut voir le fond,
Ivan s'arrête en disant aux gardes :
– Laissez-moi donc cinq minutes,
ce puits me fait quand même bien peur,
je vais réfléchir un peu.
Dès que les gardes sont sortis,

Ivan enveloppe son bâton et sa besace
dans sa grande cape de berger,
il pose son chapeau dessus
et il se cache dans un recoin* sombre
en criant :
– Gardes, finalement,
je n'ai pas changé d'avis.

* Ce mot est expliqué page 47, n° 3.

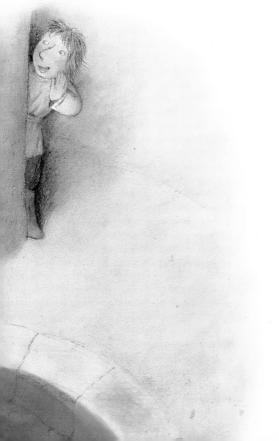

Les gardes voient une forme
près de la margelle*,
ils la poussent dans le puits
et ils repartent en se disant:
– Pauvre berger, cette fois,
c'est bien fini!

* Ce mot est expliqué page 47, n° 4.

Le lendemain matin, très tôt,
le grand chambellan vient
avec une lampe
constater la mort d'Ivan le berger.
Mais Ivan est là,
bien vivant !
Alors le roi n'essaie plus
de lui faire peur.

Au contraire,
il lui propose de magnifiques cadeaux.
Il emmène Ivan dans son carrosse,
visiter d'abord
une forêt d'arbres d'argent,
puis un château tout en or,
et enfin un lac de diamants
qui étincelle au soleil.
À chaque fois, le roi dit :
– Tout cela est à toi, berger,
si tu veux crier : « À votre santé ! »

Mais le berger refuse toujours,
à moins d'épouser la princesse.
Alors, le roi réfléchit et il se dit :
« Après tout, ce berger est courageux,
il préfère ma fille à l'argent,
à l'or, et même aux diamants.
Elle-même n'arrête pas de pleurer
depuis qu'elle est enfermée,
parce qu'elle pense qu'Ivan est mort.

Et puis, il ne sera pas dit
que dans mon royaume
un seul habitant m'aura résisté !
Je veux que tous mes sujets, tous,
crient : " À votre santé ! "
quand je lève mon verre.
S'il le faut vraiment,
le berger épousera ma fille
et, au moins, je serai satisfait. »

Le roi fait appeler la princesse sa fille.
Elle a les yeux rouges
et bien mauvaise mine,
mais elle sourit joyeusement
en voyant Ivan bien vivant.
Le roi met la main de la princesse
dans celle d'Ivan le berger
et il demande :
– Alors, maintenant,
diras-tu : « À votre santé » ?
Ivan crie :
– Mais bien sûr, tout de suite,
pourquoi pas ? Il n'y a pas de raison !
Le roi est enchanté d'entendre ça.

Le jour du mariage,
tout le royaume est dans la joie.
Au palais royal,
il y a un festin magnifique.
Selon la coutume du pays,
on verse au roi
un verre de vin rare.
Aussitôt, Ivan se met à crier :
– À votre santé, Majesté,
à votre santé !
Et le roi est si content du berger
qu'il ne regrette plus du tout
de lui avoir donné
sa fille en mariage.

LES MOTS DE L'HISTOIRE

1 Une **besace** est un sac en grosse toile
que l'on porte sur l'épaule.
Les bergers ont une besace pour mettre
toutes leurs affaires quand ils partent
garder leurs moutons.

2. Un **donjon** est une grande tour placée
au milieu d'un château fort. C'est là que
vivaient le seigneur et sa famille.
Tout le monde s'y réfugiait en cas
d'attaque du château.

3. Un **recoin** est un endroit bien caché,
un coin sous l'escalier, par exemple.

4. La **margelle** est le rebord plat qui
entoure le puits. On peut y poser le seau
qui sert à puiser l'eau.

Achevé d'imprimer en janvier 1996 par Ouest Impressions Oberthur
35000 Rennes - N° 16592
Dépôt légal éditeur n°2316 - Janvier 1996
Imprimé en France